ÉTUDE

SUR LA

BATAILLE D'IÉNA

PAR

H. BRETEL
Capitaine au 2e régiment du génie.

PARIS
LIBRAIRIE MILITAIRE R. CHAPELOT ET Cie
IMPRIMEURS-ÉDITEURS
30, Rue et Passage Dauphine, 30

1909

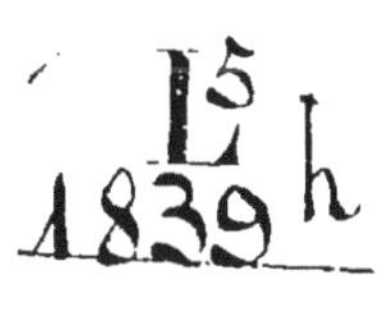

ÉTUDE

SUR LA

BATAILLE D'IÉNA

PARIS. — IMPRIMERIE R. CHAPELOT ET Ce, 2, RUE CHRISTINE.

ÉTUDE

SUR LA

BATAILLE D'IÉNA

PAR

H. BRETEL

Capitaine au 2e régiment du génie.

PARIS

LIBRAIRIE MILITAIRE R. CHAPELOT ET Cie

IMPRIMEURS-ÉDITEURS

30, Rue et Passage Dauphine, 30

—

1909

ÉTUDE

SUR LA

BATAILLE D'IÉNA

L'objet de cette étude est l'analyse de quelques épisodes tactiques très simples choisis dans l'une des batailles de Napoléon. Supposant que ces faits soient rendus possibles par un concours de circonstances quelconques, nous chercherons à voir le changement de physionomie qu'y apporterait l'armement actuel et les modifications probables des faits eux-mêmes.

Cet essai de comparaison est souvent fructueux, car il offre l'avantage de mettre en lumière certaines habitudes tactiques, aujourd'hui classiques, mais dont on comprend mieux la valeur quand on réfléchit à leur origine historique; dans le cas actuel, nous essayerons, entre autres choses, de montrer comment les progrès de l'armement ont pour effet d'augmenter la valeur du terrain.

Le sujet choisi est la bataille d'Iéna. Outre l'intérêt qui s'attache à ce fait de guerre dont les conséquences furent si considérables, il se trouve que la contexture en est simple, les différents actes clairs et précis.

Une revue rapide des événements qui l'ont précédé est toutefois nécessaire pour en saisir le développement. Rappelons-les brièvement.

Dès les premiers jours de septembre 1806, la Prusse, prenant l'initiative de l'agression, rassemble ses forces. Elle en forme trois groupes qui, par une marche concentrique, arrivent, à la fin du mois, à occuper le front *Eisenach—Gotha—Erfurt—Weimar—Iéna :*

Un centre de 75,000 hommes sous *le Roi* qui a comme lieutenant le *duc de Brunswick;*

Une aile gauche de 62,000 hommes sous le prince *de Hohenlohe ;*

Une aile droite de 50,000 hommes sous le général *Rüchel.*

L'ensemble forme 187,000 hommes.

Napoléon arrive le 2 octobre à *Würzbourg;* le 8, huit corps de la Grande Armée, dont la Garde, rassemblés dans la région supérieure du Main à hauteur du flanc gauche des Prussiens, se présentent pour le franchissement du Franken-Wald.

Trois chemins permettent de former trois colonnes :

A droite :

Soult (4e), *Ney* (6e).

Au centre :

Murat (avec la réserve de cavalerie); *Bernadotte* (1er); *Davout* (3e), la Garde.

A gauche :

Lannes (5e), *Augereau* (7e).

Le 9 octobre, le corps d'observation de *Tauenzien* est bousculé par la colonne du centre.

Le 10, le prince Louis éprouve le même sort à *Saalfeld.*

Le *12 octobre* au soir, le gros de la Grande Armée est

rassemblé à Géra et au Sud. La cavalerie et les deux corps de Davout et de Bernadotte sont à Naumbourg.

Lannes et Augereau sont dans la vallée de la Saale : Lannes, en vue d'Iéna ; Augereau, en arrière.

Des trois lignes de retraite des Prussiens deux sont barrées : celle d'Erfurt, à Dresde, par le gros qui est à Géra ; celle de Leipzig, par les corps détachés à Naumbourg.

Une troisième reste ouverte : celle de Magdebourg. Les Prussiens vont-ils l'utiliser ?

Pour éviter cet accident, le seul moyen est de marcher sur eux pour les accrocher.

Au reste, que font-ils depuis deux semaines dans cette région d'Erfurt ?

D'abord animés de projets offensifs, ils ont à moitié débouché dans la vallée de la Wera ; puis, les mouvements de Napoléon les ont désorientés. Le Roi, l'état-major ne savent où donner de la tête. Tout le monde émet son avis et personne ne commande.

Partagés entre l'offensive et la retraite, ils se décident pour cette dernière ; mais, jusqu'au 13, personne n'a bougé. Il est trop tard : le lendemain, à Iéna, Napoléon va détruire la puissance prussienne.

Nous ne retracerons pas les différentes phases de cette bataille ; elles sont trop connues pour être répétées ici. Nous ne parlerons que des épisodes qui doivent faire l'objet de notre étude et nous fixerons principalement notre attention sur les trois points suivants :

1° La prise de contact ;

2° L'occupation et la défense du Landgrafenberg par les Prussiens ;

3° L'attaque décisive.

I

La prise de contact.

Nous savons que la cavalerie légère de Murat, dépassant Naumbourg, avait déjà atteint Leipzig. Elle n'avait rien vu.

Ce renseignement négatif eut son utilité : l'ennemi ne battait pas en retraite dans cette direction.

D'un autre côté, c'est sur un renseignement venu d'Augereau, d'après lequel le gros de l'ennemi se trouvait à Weimar, que Napoléon se décida à faire converger tous ses corps sur Iéna.

Mais ce renseignement fut donné par des espions ; la cavalerie du corps de Lannes ne fit rien en cette occurrence, si bien que ce ne fut que dans la soirée que l'Empereur, ayant lui-même rejoint Lannes sur le plateau, fit sa reconnaissance, d'après laquelle il conclut que toute l'armée du Roi se trouvait devant lui, ce qui était encore erroné.

Napoléon recherchait la bataille à tout prix, mais jusqu'au dernier moment il ne sut rien de la répartition exacte des forces de l'ennemi.

Comment opéra donc l'avant-garde de Lannes ?

Notons en passant que, pour les corps de la Grande Armée, l'expression d'avant-garde prenait des sens variés suivant les moments et les circonstances.

Quand il s'agissait de combattre, l'avant-garde était

une grosse fraction de toutes armes, telle qu'une division pour un corps d'armée à trois divisions, ou une brigade quand il n'y avait que deux divisions ; mais, en marche, on désignait sous le nom d'avant-garde la troupe de cavalerie, avec ou sans adjonction d'infanterie, qui fournissait les patrouilles de découverte.

La confusion terminologique était plus apparente que réelle et tenait à ce que la colonne de combat ne présententait presque jamais le vide que nous nommons aujourd'hui *la distance d'avant-garde*.

Et pourtant, l'avant-garde, telle que nous la comprenons aujourd'hui, existait dans l'esprit de tous.

Lorsqu'un ennemi nombreux était signalé, en marche ou en position, par la cavalerie, le corps d'armée prenait des dispositions préparatoires de combat. A ce moment, le gros de la cavalerie et la division de tête se rassemblaient sur leurs éléments les plus avancés, pendant que les autres divisions se massaient pareillement sur l'élément qui marchait immédiatement derrière la division de tête.

La distance d'écoulement de cette division étant de 4 kilomètres environ, il en résultait que, les rassemblements une fois formés, la division de tête se trouvait à 4 kilomètres en avant du gros et formait bien ainsi l'avant-garde tactique.

La distance d'avant-garde ainsi obtenue répondait aux conditions de temps et d'espace correspondant à un armement très inférieur à celui que nous possédons actuellement.

De nos jours, elle doit atteindre environ 7 kilomètres, ce qui correspond à la longueur de la brigade d'avant-garde (5,000 mètres), plus une distance d'avant-garde de 2,000 mètres environ.

Le corps de Lannes n'était donc précédé que de sa cavalerie : celle-ci ne découvrit rien ; elle put tout juste prendre le contact de l'ennemi et déterminer le contour apparent formé par la ligne des avant-postes sur le Landgrafenberg.

Si elle fut impuissante alors, combien ne le serait-elle pas davantage aujourd'hui, en face de notre armement? De là, la nécessité d'avoir recours à des détachements de toutes armes, dont le général Langlois, dans son étude si connue : *Conséquences tactiques des progrès de l'armement*, a fait ressortir l'importance.

« Il est reconnu, dit le général Langlois, et le fait avait déjà été prévu lors de l'apparition de l'armement nouveau, que la prise de contact est rendue très difficile par l'invisibilité, par la rapidité et par la grande portée du tir des armes actuelles, et il est évident qu'elle est d'autant plus malaisée que le front de l'ennemi s'étend davantage.

« L'exploration par la cavalerie devient très aléatoire et peut même être plus ou moins paralysée, malgré l'aide du canon.

« Si même la cavalerie parvient à percer le service de sûreté de l'ennemi, elle sera le plus souvent impuissante à reconnaître l'adversaire, surtout si celui-ci a pris, en vue de la défensive, un dispositif de stationnement gardé.

« Mais ces résultats, que la cavalerie seule aura dorénavant beaucoup de peine à obtenir, l'armement nouveau nous donne le moyen de les atteindre avec des éléments plus puissants, assez légers, sans doute pour pouvoir se dérober aisément, mais aussi assez forts pour tromper l'ennemi et l'amener à se révéler et à prendre des dispositions prématurées.....

« Grâce à l'accroissement de puissance de l'armement nouveau, les petits détachements des trois armes sont aujourd'hui en état de remplir cette mission. »

Leur importance est aujourd'hui consacrée par le Règlement qui définit ainsi leur rôle et leur façon d'opérer :

« Des détachements comprenant des troupes de toutes

armes reçoivent fréquemment la mission de fournir des renseignements sur les forces ennemies.

« Dans certains cas, ces détachements contribuent puissamment à l'orientation de l'engagement, en retenant l'adversaire sur une position déterminée ou en l'attirant dans une direction propice.

« Occupant tantôt un front restreint, tantôt des espaces plus étendus, conservant une certaine profondeur ou se déployant sans compter, utilisant le plus possible les couverts du terrain et la puissance de son feu, *manœuvrant toujours*, cette infanterie contrarie les mouvements de l'adversaire, l'oblige à suspendre sa marche, à se déployer et à dévoiler ses emplacements. »

II

L'occupation et la défense du Landgrafenberg par les Prussiens.

Ici, ce fut le point important, la clef de la position, comme l'on aurait dit autrefois, dont les tirailleurs d'avant-garde de Lannes prirent possession, mais ceci, d'abord, par hasard, et ensuite parce que les Prussiens le voulurent bien.

Les tirailleurs français escaladèrent bientôt les pentes de tous côtés, raconte von der Goltz. Napoléon ordonna de faire arriver sur le plateau les deux divisions du corps de Lannes, l'infanterie de la Garde et un peu d'artillerie. En réalité, ces ordres devaient provoquer l'étonnement, car il était nécessaire d'améliorer sur une grande étendue les sentiers de la montagne avant de pouvoir y faire monter des pièces. C'est de là aussi que proviennent les commentaires auxquels l'événement donna lieu. Quelque temps après la bataille, certains rapports parlaient encore de combats sanglants livrés sur les pentes escarpées, près d'Iéna. Puis vinrent les récriminations et partout les marques d'étonnement et de colère au sujet de l'incurie des Prussiens qui avaient abandonné à l'adversaire des passes imprenables sans les défendre. Des touristes qui visitèrent le champ de bataille et gravirent la pente raide du Landgrafenberg, du côté d'Iéna, ont confirmé cette opinion.

Clausewitz dit à ce sujet : « Le général Tauenzien, avec un instinct tout prussien, chercha la plaine et crut ne pouvoir rien faire de mieux que d'abandonner aux Français les pentes difficiles et incommodes de la vallée de la Saale et de se reporter assez en arrière sur le plateau plan du terrain pour pouvoir diriger une nouvelle attaque en échelons sur l'ennemi. »

L'attaque en échelons était, en quelque sorte, la plus haute expression de la tactique prussienne, celle avec laquelle Frédéric II avait battu les Autrichiens à Leuthen. Il est à remarquer que l'attaque en échelons est également recommandée actuellement, mais exécutée dans un tout autre esprit, comme nous le verrons. Mais entre reporter la véritable défense en arrière et abandonner tous les passages donnant accès à un plateau, il y a un juste intermédiaire. Les idées actuellement en cours, relativement à l'occupation d'un plateau, sont que l'on doit établir la principale résistance sur la crête géographique et non sur la crête militaire, qui doit cependant être surveillée par des postes d'observation.

C'est ce que dit von der Goltz :

« Ces hauteurs sont, il est vrai, escarpées ; mais elles présentent de nombreuses coupures. Les ravins sont sillonnés par une quantité suffisante de sentiers qui conduisent au sommet ; les pentes sont couvertes de jardins et de bois. Nulle part elles ne présentent des saillants faciles à faire occuper par des tirailleurs, et desquels on peut tenir les talus sous le feu. Il est impossible de maintenir l'attaque sous une direction unique. » Le Landgrafenberg est une terrasse basse du grand plateau ; il est entouré des bois de Clospéda et de Closwitz. Lorsqu'on sort de la vallée de la Mühl pour gravir, par d'étroits sentiers, ce ressaut escarpé, on peut à peine comprendre qu'il ait été possible d'y amener des troupes, des chevaux et des canons en présence de l'ennemi. Lorsqu'on est arrivé au sommet et qu'on jette un regard circulaire autour de soi, on aperçoit, sur les côtés et en arrière, des bois ; en avant, une profondeur que l'œil ne peut mesurer. On comprend alors que le défenseur ait préféré se retirer sur la position qu'il avait choisie. On agirait encore ainsi aujourd'hui, et on ne laisserait que des postes sur la Saale, *mais encore fallait-il les laisser. Cette avant-ligne, les Prussiens n'y pensèrent pas.*

La méthode de Wellington était, du reste, l'application du même principe : Wellington plaçait habituellement sa ligne principale en arrière de la crête, à portée efficace de la mousqueterie d'alors (50 à 100 mètres), de façon qu'elle échappait aux vues de son adversaire et ne se trouvait pas en butte à l'artillerie ennemie.

En avant de cette ligne d'infanterie ainsi dissimulée se trouvait une forte ligne de batteries (aujourd'hui on les mettrait en arrière), et quelques bataillons d'infanterie (le sixième environ de l'effectif) étaient en avant, et dans l'intervalle des batteries pour les protéger.

L'assaillant arrivé à la crête militaire était accueilli par un feu nourri et ajusté, et ses masses en désordre et rompues étaient ensuite rejetées par la baïonnette et la cavalerie.

C'est ainsi que Wellington repoussa toutes les charges furieuses dirigées sur lui à Waterloo.

La seule différence à ce genre d'occupation d'un plateau, créée par l'armement actuel est qu'il convient peut-être de reculer la ligne d'infanterie de 400 à 500 mètres en arrière de la crête militaire, pour utiliser toute la puissance de l'armement et les effets de rasance.

Les dispositions prises par les Prussiens étaient-elles donc les plus convenables en vue d'arrêter les corps de la Grande Armée ?

L'armée de Hohenlohe (62,000 hommes) était, nous l'avons vu, chargée de former flanc-garde pour protéger la retraite du gros de l'armée avec le Roi et Brunswick.

Elle devait donc empêcher l'armée française de déboucher au delà d'Iéna, et cela au moins jusqu'au 14 au soir.

La chose aurait été facile.

Clausewitz dit à ce sujet :

« Il est à peine possible de trouver dans l'histoire un exemple d'une position aussi avantageuse pour une armée restée sur la défensive. »

Examinons la situation :

Du côté français, le 5e et le 7e corps avaient franchi la Saale au pont de Kahla.

Plus tard, le gros au pont de Lobeda.

L'armée française venant par la même direction, il fallait d'abord défendre ces passages par des détachements et préparer la destruction des ponts.

Même avec l'armement de cette époque, la chose aurait été possible ; il suffit de se rappeler les tentatives d'Arcole.

Il y a 14 kilomètres de Kahla à Iéna et 3 kilomètres de Lobeda à Iéna. D'autre part, aucune bonne route, à l'époque, n'existait sur la rive droite entre ce dernier point et la ville. Ne pouvant donc être inquiété de cette rive, il eut été très facile à un détachement de battre en retraite après avoir détruit le pont de Lobeda.

On peut bien admettre qu'ainsi Lannes et Augereau ne seraient pas arrivés le 13 au soir à Iéna.

La même faute fut d'ailleurs commise à Dornbourg, la même encore à Kösen.

Même si le passage de Kahla avait été forcé, l'accès de Lobeda par la rive gauche pouvait être aisément défendu.

A cet endroit, la route de Kahla à Iéna passe entre des hauteurs escarpées, à gauche, et la Saale, à droite. Cette rivière est du reste profonde.

Lobeda est également le passage obligé de la route venant de Géra entre la Saale et le Johannisberg avec le môle de Lobedaburg ; l'ensemble aurait constitué une excellente tête de pont.

Bref, avec le réseau routier de l'époque, les deux routes par où pouvaient arriver les corps de Napoléon (sauf, bien entendu, ceux de Naumbourg) convergent dans le défilé formé par la Saale de Lobeda à Iéna.

Il était tout indiqué de le défendre en avant, c'est-à-dire à Lobeda; au delà, il pouvait être défendu pied à pied. Les flancs de ce défilé, c'est-à-dire les deux rives et principalement la rive droite, pouvaient être gardés avec de faibles effectifs, vu la nature montagneuse du terrain qui est encore protégé plus à l'Est par de grands bois. Enfin, Iéna devait être considéré comme le réduit de cette défense. Cette localité importante, couverte par la Saale à l'Est, dominée par des hauteurs à l'Ouest, pouvait être défendue facilement.

Aujourd'hui, la force de ces positions serait décuplée. Pour la défense du défilé, des détachements d'infanterie échelonnés sur les flancs en assureraient encore mieux la garde.

Pour la défense d'Iéna même, l'infanterie, défendant la ville et les abords de la Saale, serait admirablement protégée par l'artillerie en position sur le Landgrafenberg. Établie près du monument actuel de Napoléonstein, outre qu'elle n'est pas vue, elle pourrait interdire tout accès dans la vallée de la Saale dans n'importe quelle direction, dans un rayon de 4 kilomètres. Avec ses méthodes de tir actuel, elle arroserait et arrêterait net toute tête de colonne convergeant sur Iéna. De là, elle enfile, les directions: Saale nord, Saale sud, ravin du Wogauer-Bach.

L'artillerie ennemie, pour battre l'infanterie, ne trouverait sur l'autre rive que de mauvaises positions. Obligée de s'avancer pour voir dans le fond de la vallée, elle serait immédiatement prise sous le feu des batteries invisibles du Landgrafenberg.

En mettant à part ces moyens que permet l'armement actuel, alors comme aujourd'hui cette tête de pont d'Iéna

pouvait être défendue par un corps d'environ 10,000 hommes disposant d'Iéna et du Landgrafenberg comme réduit, se couvrant dans toutes les directions dangereuses par des détachements légers, manœuvriers, mettant à son profit toutes les ressources de la fortification du champ de bataille et faisant usage, dans la limite restreinte où le permettait l'armement, de la manœuvre en retraite.

Cette manœuvre aurait, selon toute vraisemblance, suffi pour permettre à l'armée de Hohenlohe d'accomplir sa mission. Cette critique fait ressortir la mission défensive des détachements dont nous avons vu tout à l'heure la mission offensive.

Mais prenons la situation le 13 au soir : l'armée prussienne a abandonné le village de Cospoda et s'est retirée sur une position qui, si elle avait été bien organisée et si l'armée de Hohenlohe s'y était concentrée, aurait pu permettre de résister au premier choc des Français, puis de les rejeter par une vigoureuse contre-attaque dans la vallée de la Saale.

Mais en réalité, nous ne voyons que le faible corps de Tauenzien pour garder cette ligne ; donc, aucune troupe pour la contre-attaque, aucune organisation défensive pour permettre de temporiser, pour attendre les troupes de secours.

Il serait cependant difficile de trouver un exemple plus frappant d'une position se prêtant mieux à l'emploi de la fortification de campagne.

Ce terrain, mollement vallonné donne l'impression, lorsqu'on le parcourt, de plusieurs vagues successives que les trajectoires peuvent raser.

La ligne de résistance s'impose, c'est de la droite à la gauche, en regardant vers Iéna, le Liskauer-Thal, sorte de fossé en arrière duquel les deux points d'appui de la Schnecke et du bois d'Iserstedt, puis le village de Lutzerode, celui de Closewitz, puis, formant pendant à gauche le Rauthal, avec les bois de Closewitz, et comme avancée dans la vallée le village de Lobstedt.

Ces deux ravins, à droite et à gauche, eussent été infranchissables.

Augereau et Soult, qui les utilisèrent, n'auraient pu en déboucher. La bataille même montre la force de l'une de ces positions : c'est la Schnecke ; les Saxons qui y étaient établis n'en furent délogés qu'après la déroute générale des Prussiens.

Les points d'appui dont nous venons de parler sont distants les uns des autres de 700 mètres au maximum ; avec les armes d'alors, le seul des passages facilement franchissable entre ces points d'appui, l'isthme entre Lutzerode et Closewitz pouvait être renforcé par des épaulements de batteries ; c'était le passage indiqué pour une contre-attaque centrale se portant soit vers Cospeda, soit sur les têtes de colonne cherchant à gravir les vallons. Il y a lieu de remarquer qu'avec les armes d'alors, cette contre-attaque centrale aurait eu plus de chances d'arriver qu'aujourd'hui.

Au lieu de rester inertes dans la nuit du 13 au 14, les Prussiens auraient pu, dans l'espace de cette nuit, organiser très fortement cette barrière défensive. Ils n'en firent rien, aucun renfort n'arriva.

Napoléon qui connaisssait ses adversaires n'utilisa pas plus qu'eux les ressources du terrain. Devant tout autre, il eut été pour lui d'un devoir strict de fortifier la tête de pont qu'il venait de conquérir dans la soirée.

Du côté prussien, si l'on examine les derrières de la position, on remarque que le terrain y est praticable, et la ligne de retraite, comme à souhait, perpendiculaire au front. En cas d'échec, une seconde position existait en arrière, jalonnée par une ligne de villages également distants entre eux d'environ 700 mètres.

Le front de la première ligne est d'environ 4 kilomètres. Avec les ressources de la fortification, il aurait pu être défendu au moins pendant trois heures avec les seules forces de Tauenzien, tandis qu'à 10 heures du matin, les colonnes de Soult et d'Augereau prenaient déjà pied sur le plateau, et le corps de Tauenzien était rompu juste au moment de l'arrivée de Hohenlohe.

Dès lors la lutte se continua sur la seconde ligne dont nous parlions tout à l'heure et si l'on en juge par la défense opiniâtre de Vierzehn-Heiligen, on comprend toute la valeur qu'auraient pu avoir ces points d'appui, même avec l'armement de l'époque.

Mais, après la défaite de Tauenzien, l'armée française ayant acquis le terrain nécessaire pour se déployer ne pouvait plus être chassée du plateau, la tactique linéaire des Prussiens les privait de toute masse de contre-attaque ; l'occasion de tenir pied sur le Landgrafenberg était définitivement perdue et leur ligne pouvait être facilement rompue et débordée sur les deux ailes par Soult et Augereau.

A propos de l'attaque sur Vierzehn-Heiligen, il est peut-être intéressant d'ouvrir ici une parenthèse sur le mécanisme des deux tactiques si opposées qui se trouvaient alors en présence.

L'ordre de bataille prussien était rigide et formel, c'était l'ordre mince.

La démonstration de son infériorité fut faite à cette bataille, mais si la comparaison de deux tactiques alors en présence n'offre plus aucun intérêt actuel, elle présente, on l'avouera, un puissant intérêt historique, puisque chacune d'elles fut illustrée par Frédéric et Napoléon.

Rappelons en deux mots leurs principes :

Dans l'ordre mince, les deux lignes étaient formées de bataillons déployés sur la même ligne, sans intervalle.

Habituellement, la première ligne était constituée plus fortement que la deuxième, toujours pour s'assurer la supériorité du feu ; chaque bataillon était formé sur trois rangs, il y avait peu ou pas de réserve (quelque cavalerie, de préférence hussards).

Quant au rôle des lignes, il était le suivant : la première ligne entamait et entretenait le combat, elle se portait en avant puis elle s'arrêtait à 100 ou 150 mètres de l'ennemi et elle tirait jusqu'à ce que ce dernier, rompu par le feu, prît la fuite, du moins c'est ce qu'on supposait. La deuxième ligne ne servait qu'à renforcer la première quand celle-ci était épuisée. On exécutait ce qu'on appelait alors le « passage de lignes » qui avait lieu, soit en avant, soit en arrière.

La tactique française était au contraire une combinaison de l'ordre déployé et de l'ordre en colonne, conséquence, du reste, du mode de recrutement inauguré par la Constituante en 91.

Toutes les formations du combat étaient prises sur deux lignes. La première était formée de bataillons déployés et agissait par le feu. La deuxième comprenait des bataillons en colonne d'attaque, elle agissait par le choc.

Un côté fort curieux de la tactique française de l'Empire, c'est l'emploi de l'infanterie légère, c'est-à-dire des grenadiers et des voltigeurs, emploi qui ne répond actuellement à rien.

Ceux-ci engageaient le combat *en avant* du front des bataillons de première ligne déployés, au moyen de tirailleurs, soutenus par des soutiens qui faisaient usage du feu à volonté.

Quand leur préparation paraissait suffisante, ces tirailleurs démasquaient le front et se reportaient en arrière des ailes de la première ligne, qui pouvait alors agir par des feux de bataillon, de peloton ou par les feux de file. Puis quand cette première ligne avait suffisamment ébranlé l'adversaire par un feu nourri exécuté à bonne portée (150 pas environ), on chargeait à la baïonnette avec l'appui du bataillon de deuxième ligne formé en colonne d'attaque.

Cette ligne n'était du reste habituellement engagée qu'après la prise de possession du terrain par les compagnies d'élite, grenadiers et voltigeurs.

Pour s'imaginer l'effet de deux tactiques si opposées en présence, je ne peux faire mieux que de lire un passage de von der Goltz dans : *Rosbach et Iéna*, racontant l'attaque de Vierzehn-Heiligen occupé par Ney et Lannes, attaque exécutée par la division Grawaert qui formait la deuxième ligne du corps de Hohenlohe, on verra qu'elle est loin de ressembler aux habitudes actuelles.

« A 10 h. 30, les dix bataillons de la division Grawaert, formés en échelons de deux bataillons, l'aile gauche en avant, se mirent en marche. Ils s'avancèrent, comme sur le terrain d'exercices, sous un feu violent de tirailleurs et de mitraille. Les Saxons, la brigade Dyherm, des fusiliers et des chasseurs prussiens de la division Tauenzien se joignirent à leur aile droite, dans la direction d'Isserstädt. Les tirailleurs français et même les colonnes en ordre compact évitèrent le choc. Isserstädt et en partie la forêt furent évacués par l'ennemi.....

« ...... A une portée de fusil de l'entrée du village on s'arrêta de nouveau. Les échelons se portèrent sur la ligne ; l'aile gauche, avec laquelle se trouvait une petite fraction de troupes de Holtzendorff, fit le tour du village. Les batteries prussiennes ouvrirent un feu violent contre l'artillerie française et contre Vierzehn-Heiligen ; on finit par mettre le feu à ce village, mais sans réussir à en déloger l'ennemi.....

« Le temps pressait, les pertes devenaient considérables, et les munitions commençaient à manquer. Les tirailleurs français, postés derrière les haies et dans les maisons du village, tiraient sur les bataillons prussiens qui, immobiles devant eux, leur servaient de cible. Ces bataillons répondirent d'abord par le feu de leurs tirailleurs ; ils exécutèrent ensuite des salves de peloton et de bataillon, mais inutilement. La fatale méthode de cette époque, de s'arrêter dans la zone efficace du feu de l'ennemi et de s'aligner pour agir par le feu de masse réglementaire, avait des résultats désastreux pour la conservation des troupes....

« La terreur qui s'empara de la plus grande partie des troupes est facile à s'expliquer. Les bataillons s'étaient portés en avant dans un ordre parfait, avec la remarquable cadence du pas de l'époque, et avaient exécuté leurs feux de salve avec le plus grand calme et une extrême rapidité : on leur avait toujours enseigné que ce moyen menait infailliblement à la victoire et forçait n'importe quel ennemi à abandonner le champ de bataille. Ils reconnaissaient maintenant avec surprise que c'était une amère illusion, qu'ils avaient rencontré un adversaire contre lequel ce procédé restait sans effet, un adversaire qui leur infligeait des pertes énormes sans qu'ils puissent lui rendre la pareille avec les mêmes moyens, un adversaire qu'ils ne distinguaient qu'avec peine. L'impossibilité dans laquelle ils se voyaient d'opposer quoi que ce fût au feu des tirailleurs ennemis les déconcertaient, dit le rapport officiel du bataillon saxon Lecoq. La plupart des récits de cette journée confirment cette assertion. ».....

III

L'attaque décisive.

L'attaque décisive, exécutée par les quatre corps de front, leurs réserves particulières et la Garde, n'eut aucune peine à tout balayer ; mais s'il avait fallu la préparer pour un adversaire opiniâtre, accroché au terrain et possédant l'armement actuel, les trois échelons de cette attaque auraient pu être déclanchés assez facilement, grâce au terrain.

Les formations d'attaque employées alors étaient souvent, vu l'armement, assez rudimentaires. A Iéna, le choc décisif fut donné par les parties des divisions de Lannes et de Ney, restées en colonne ; puis, encore en arrière, par la Garde.

Les formations de tous ces corps rappellent les formations actuelles dénommées « en masse » dans l'infanterie (bataillon) et dans la cavalerie.

Avec l'armement d'alors, ces formations étaient, en l'espèce, les plus convenables : elles faisaient la trouée, ce qui est le but, car à moins d'être prises d'enfilade par le canon ou de tomber sur une batterie en position, comme la colonne d'Augereau à Eylau, les premiers rangs seuls souffrent du feu.

La nécessité d'avoir des rangs ainsi pressés sans intervalle était dès lors surtout d'ordre moral, comme l'a fait ressortir le colonel Ardant du Picq, car, matériellement et mathématiquement parlant, l'augmentation de poussée en avant devient nulle à partir du quinzième rang environ.

Dans chaque unité, l'infanterie était sur trois rangs. Napoléon trouvait, du reste, le troisième rang inutile car il ne servait qu'à charger les armes de deux premiers et à remplacer les hommes tombés dans ces rangs.

La formation sur deux rangs ne date, du reste, que de 1862.

Même avec l'armement de l'époque ces colonnes furent souvent décimées par le feu.

Rappelons-nous la fameuse colonne Macdonald à Wagram, qui arriva tout juste, les colonnes de Ney, à Waterloo, qui n'arrivèrent pas.

Aujourd'hui, de telles colonnes ne pourraient même pas partir.

Quelles sont donc actuellement les formations les plus propres pour une attaque décisive.

La poussée incessante résultant d'une formation en profondeur sera encore plus nécessaire pour faire brèche puisque la muraille est plus résistante.

Il est actuellement admis que les troupes de choc doivent être formées sur trois lignes[1] ou trois blocs successifs résultant de trois missions successives :

1° Faire la brèche ;

2° Agrandir la trouée ainsi faite par la détente des forces qui y sont transportées et conquérir ainsi au sein des positions de l'adversaire une sorte de tête de pont ;

3° Enfin, transporter sur la position conquise une *masse* INTACTE, allant chercher et culbutant, sans arrêt, les réserves générales du défenseur.

---

[1] La distance entre ces lignes est d'environ 400 à 500 mètres, ceci résulte de l'action connue des feux. (Il est bon aussi de rappeler que le calcul et l'expérience prouvent qu'avec les armes actuelles, la formation de la section en colonne par deux est la moins vulnérable tant que l'on ne veut pas tirer.)

Voyons ce qu'aurait pu devenir, à Iéna, en tenant compte de ces principes et du terrain, l'attaque décisive.

Le premier échelon aurait pû être formé par les troupes de front dans le secteur de Vierzehnheiligen, ces troupes se dirigeant vers l'Ouest, ce village étant déjà entre nos mains, et cette attaque étant soutenue par toutes les batteries des corps engagés. C'est ce qui eut lieu, et cette première phase suffit en l'occurrence.

Mais en cas d'une résistauce plus tenace ou de l'arrivée de réserves, la trouée devant être produite vers Vierzehnheiligen, il aurait fallu y porter une seconde ligne, formée par les réserves des corps engagés et destinée à soutenir la première attaque et à élargir la tête de pont obtenue dans l'adversaire en avant de Vierzehnheiligen.

L'artillerie de cette attaque pouvait être prise dans les corps de seconde ligne (réserve de Lannes et Garde). Cette attaque était flanquée comme elle le fut d'ailleurs par les corps de Soult et de Ney. Enfin elle pouvait être amenée à couvert, face à son objectif et à la distance voulue par le ravin de Krippendorf et d'Alten-Gönne, formant ainsi échelon débordant à droite.

Enfin, la troisième masse, chargée de culbuter les réserves du défenseur (si elles avaient existé) était amenée intacte dans la trouée : c'étaient la Garde et la grosse cavalerie de Nansouty, Klein et Hautpoul.

Cette masse pouvait être amenée intacte par le ravin de Lutzerode et le bois d'Iserstedt.

Suivre ces itinéraires défilés, à l'issue desquels les masses successives de l'attaque décisive doivent déboucher, était nécessaire autrefois : ce serait aujourd'hui une condition rigoureuse de succès. A Iéna, l'adversaire n'a pas de réserve, Napoléon n'en ménage pas moins des troupes de choc plus que suffisantes pour écraser un adversaire plus habile à se défendre, mais néglige quelque peu le terrain devant un adversaire déjà disloqué avant d'être atteint, n'ayant lui-même aucune idée de tirer ressource des obstacles naturels.

L'attaque décisive, devant l'armement actuel ne peut plus négliger ainsi les masques du terrain ; elle-même trouve dans leur utilisation et dans leur amélioration, par quelques travaux rapides, l'appui indispensable à sa marche certaine, en organisant les positions successivement enlevées et lui permettant ainsi de n'être surprise par aucun retour offensif.

Les trois points isolés que nous venons d'examiner nous amènent à deux réflexions qui semblent plus particulièrement s'imposer.

Signalons tout d'abord, du côté des Prussiens, un fait constant dans leur façon d'agir : c'est, en quelque sorte, la continuité dans la négligence du terrain, et ce fait montre la persistance, le moment d'une bataille venu, d'une éducation faussée dès le temps de paix.

Pour les Prussiens, le terrain ne compte pas, ils ne l'utilisent pas avant la bataille pour arrêter l'ennemi, ils n'en tiennent aucun compte pendant l'action. Hohenlohe a une mission tactique bien définie : il est corps de flanc-garde et doit pratiquer la défensive de retardement, il occupe, à ce point de vue, une fort belle situation qui lui dicte, de toute évidence, la répartition de ses forces. Il n'y songe pas un instant, ce qui prouve bien que l'on ne peut appliquer à la guerre que ce que l'on n'a pas appris auparavant.

Devant un pareil adversaire, nous voyons Napoléon négliger des précautions tactiques qui nous paraissent élémentaires ; un pareil mépris lui coûtera cher à Wagram et à Waterloo.

Remarquons enfin l'influence radicale des progrès de l'armement sur les quelques procédés tactiques examinés ; notons comment la création d'organes nouveaux (détachements de toutes armes) aveugle la cavalerie et modifie son rôle de reconnaissance, imposant aussi bien à l'assaillant qu'au défenseur la compréhension, l'utilisation du terrain et sa mise en valeur par la fortification : c'est ce dernier point que nous avons voulu particulièrement faire ressortir.

Enfin, les conséquences de ces progrès sur la durée de l'action n'est pas moins curieuse. Les batailles « coup de foudre » comme celle d'Iéna ne peuvent plus exister : un jour ne suffit plus pour détruire une armée. Aujourd'hui c'est la prise de contact interminable (le combat dure plusieurs jours), l'attaque décisive elle-même ralentie, par l'usure nécessaire de masses énormes devant user et anéantir des obstacles accumulés.

Et cependant les principes restent toujours à peu près les mêmes, tandis que les procédés d'exécution varient du tout au tout avec l'armement qui seul, à vrai dire, constitue le facteur variable dans l'histoire de la tactique.

PARIS. — IMPRIMERIE R. CHAPELOT ET Ce, RUE CHRISTINE, 2.

PARIS — IMPRIMERIE R. CHAPELOT ET Ce, 2, RUE CHRISTINE

www.ingramcontent.com/pod-product-compliance
Ingram Content Group UK Ltd.
Pitfield, Milton Keynes, MK11 3LW, UK
UKHW020948220726
13924UKWH00002B/562

9 782019 930837